AF536193

PAPIER
FRESSERCHEN
MIM-VERLAG
DIE BÜCHER MIT DEM DRACHEN

Impressum:

Mühlstr. 10, 88085 Langenargen

E-Mail: info@papierfresserchen.de
Internet: www.papierfresserchen.de

Bearbeitung: CAT creativ - www.cat-creativ.at

Gedruckt in Polen

ISBN: 978-3-99051-236-4 - Taschenbuch

Bildnachweise: Cover: © OP38Studio; Bienen © kumara; Sprechblasen © noriokanisawa; Foto S. 34 © Adri; Doto S. 43 © Tadeusz; Foto S. 45 © Thaniy; alle Adobe Stock lizenziert

Fotos Blumenhintergrund: © Martina Meier
Foto S. 33: © Thorsten Meier

alle anderen Fotos und Illustrationen lizenziert KI-erstellt mit Midjourney + Openart

KINDERLEICHT:

NACHHALTIG LEBEN

UMWELT- UND NATURSCHUTZ LERNEN

PRAXISTIPPS
WISSENSWERTES
UMWELTTAGEBUCH
SPIEL & SPASS
FÜR ZU HAUSE, SCHULE, FREIZEIT

NANJA HOLLAND

INHALT

VORWORT FÜR ALLE GROSSEN LEUTE

Nachhaltigkeit ist ein Wort, das zurzeit in aller Munde ist, denn nachhaltig leben möchten wir doch alle eigentlich gern.

Aber wie geht das eigentlich? Nachhaltig leben?

Und wie erkläre ich es meinen Kindern, wenn ich in unserem Leben, unserem Alltag nachhaltig etwas ändern möchte? Welchen Beitrag können schon die Kleinsten leisten?

Das Buch „Kinderleicht: Nachhaltig leben" erklärt auf spielerische Weise, was nachhaltiges Leben bedeutet. Mit Tipps und Tricks, die Kinder leicht umsetzen können und die natürlich zudem Spaß machen. Dazu finden sich in diesem Buch leichte praktische Anleitungen und Rätsel rund um den Umwelt- und Naturschutz. Ein Umwelttagebuch ergänzt die vielen Informationen, in dem Mädchen und Jungen ihre eigenen Ideen zu Thema festhalten können.

Ein nachhaltiger Lebensstil sollte schon in jungen Jahren erlernt werden – und manchmal sind unsere Kinder bei diesen Dingen viel konsequenter als wir Erwachsenen selbst.

***

Das vorliegende Buch ist Auftakt zu einer neuen Serie, die „kinderleicht" Anregungen für und in verschiedenen Lebenssituationen geben möchte.

Nanja Holland

Tipp:

Wenn du einen Raum verlässt, zum Beispiel dein Kinderzimmer, dann mach das Licht aus.

Das spart Strom!

Energie sparen? Das ist gar nicht schwer!

Klaro, ich mach mit! Ich spare Energie!

Nicht vergessen! 

Ach ja, das gilt natürlich auch für Spielekonsolen, Fernseher, Computer, Laptops …

Lass die Geräte nicht im Stand-by-Modus an, sondern schalte sie ganz aus, sodass kein rotes oder grünes Licht mehr leuchtet.

THEMA: ENERGIE SPAREN

WARUM WIR ALLE RITTER WERDEN SOLLTEN

Strom sparen ist eine ganz wichtige Sache, denn weniger Stromverbrauch bedeutet immer auch weniger Energiebedarf. Ein Großteil unseres Stroms wird nämlich aus fossilen Brennstoffen wie Kohle, Erdöl und Erdgas gewonnen. Verbrauchen wir weniger Strom, so haben wir weniger CO_2-Ausstoß und das führt zu einer Verringerung des Treibhauseffekts und des Klimawandels und hilft, unsere Ozonschicht zu bewahren.

Puh, so viele schwierige Begriffe. Einige habt ihr sicherlich schon mal gehört. Aber wir erklären sie hier noch mal ganz einfach, kann ja nicht schaden: Fossile Brennstoffe sind „alte Schätze", die tief unter der Erde liegen – Öl, Gas, Kohle. Sie sind über viele Jahrmillionen aus abgestorbenen Pflanzen und Tieren entstanden, die von Gestein und Erde bedeckt wurden. Lange hats gedauert ...

Wenn wir jetzt Kohle, Gas oder Öl zum Heizen oder zur Erzeugung von Strom brauchen, dann holen wir uns diese Brennstoffe tief aus der Erde. So weit, so gut.

ABER: Wenn wir Strom erzeugen, verbrennen wir diese fossilen Brennstoffe – ihr wisst ja jetzt, was das ist – und dabei entstehen Rauch und Gase, die schlecht für unsere Luft und unser Klima sind, weil sie durch chemische Prozesse unsere Ozonschicht kaputt machen. Diese Ozonschicht ist wie ein Schutzschild – stell dir man die mal vor wie ein Schutzschild bei einem Rittern – die nur so viele UV-Strahlen durchlässt, wie für uns Menschen gut ist. Eigentlich.

UV-Strahlen dabei sind so was wie unsichtbare Sonnenstrahlen. Natürlich gibt es auch sichtbare, das ist unser Tageslicht. In kleinen Mengen sind die UV-Strahlen für uns Menschen sogar richtig wichtig, denn sie helfen uns, Vitamin D zu produzieren. Vitamin D macht in unserem

WARUM WIR ALLE RITTER WERDEN SOLLTEN

Körper zum Beispiel dafür, dass unser Immunsystem gesund bleibt und unsere Muskeln richtig schön stark.

Wenn die Ozonschicht zerstört wird, kriegen wir Menschen zu viele diesen unsichtbaren Strahlen ab, also von den UV-Strahlen, und das macht uns krank. Wir können zum Beispiel Hautkrebs bekommen.

Unsere Ozonschicht ist wie ein tapferer Ritter mit Schutzschild …

Und dann gibt es da noch die Sache mit den Treibhausgasen und dem Klimawandel. Denn auch dafür ist das Verbrennen fossiler Brennstoffe verantwortlich. Denn beim Verbrennen von Öl, Gas und Kohle wird CO_2 freigesetzt, – durch die abgestorbenen Pflanzen und Tiere, die das gespeichert hatten. Und dieses Kohlendioxid, also das CO_2 , ist wie eine wärmende Decke, die die Hitze der Sonne festhält. Das führt letztendlich dazu, dass unsere Erde immer wärmer wird.

„Prima Sache", denkst du jetzt vielleicht, „dann muss ich im Winter nicht mehr frieren."

So einfach ist es leider nicht. Denn dadurch, dass es auf der Erde immer wärmer wird, passieren ganz viele Dinge, die für Menschen, Tiere und Pflanzen überhaupt nicht gut sind.

Vielleicht hast du ja schon davon gehört, dass es in den letzten Jahren auch bei uns in Europa extreme Wetterereignisse gegeben hat: starke Stürme wie den Sturm Cyrill, der Tausende Bäume zerstört hat, heftige Regenfälle – wie beispielsweise vor ein paar Jahren im Ahrtal. Und fürchterlich heiße Sommer. Die Eisberge an Nord- und Südpol schmelzen, der Wasserspiegel der Meere steigt ...

Und das alles zusammen verändert Lebensräume: Menschen, Tiere und Pflanzen haben es schwerer, weil sich ihr natürliches Umfeld ändert: Wenn im Frühjahr Felder überflutet werden, dann sterben die jungen Pflänzlein ab, die der Bauer gesät hat. Wenn es zu viel regnet, fliegen unsere Bienen nicht, um die Obstbäume zu bestäuben, dann gibt es im Spätsommer weniger Äpfel und Birnen. Wenn im Sommer dagegen durch die starke Sonnenstrahlung die Ernte verbrennt, dann gibt es weniger Getreide. Und so greift ein Rad ins andere.

Und dieses Rad kann man nur aufhalten, wenn man weniger fossile Energien verbraucht, auf erneuerbare Energien wie Windkraft und Sonnenenergie umsteigt ... und bewusster, das heißt nachhaltiger lebt.

DEINE PERSÖNLICHE CHECKLISTE

Erstelle dir deine persönliche Checkliste.

DEINE PERSÖNLICHE CHECKLISTE

Trage hier ein, wo du in deinem Umfeld Energie sparen kannst.

STROMSPAREN: DETEKTIV-CHALLENGE

Hier haben wir noch etwas ganz Cooles für euch: eine Detektiv-Challenge zum Thema Stromsparen. Ihr sollt dabei wie echte Detektive zu Hause nach Möglichkeiten suchen, Strom zu sparen, und so viele Sachen wie möglich davon umsetzen. Natürlich kann man das Ganze auch im Verein, in der Schule etc. machen ...

Ihr könnt einen Erwachsenen bitten, die Challenge zu begleiten, das ist gerade bei jüngeren Kindern sehr wichtig.

Dauer: eine Woche

Material: Stift und dieses Buch, auf den folgenden Seiten könnt ihr eure „Ermittlungsergebnisse" eintragen. Kleine Belohnungen – Sticker, Urkunden, Preise etc..

Warum ihr Strom sparen solltet, haben wir euch bereits erklärt. Jetzt seid ihr dran. Achtet in den nächsten Tagen darauf, überall das Licht ausschalten, wenn es nicht gebraucht wird.

STROMSPAREN: DETEKTIV-CHALLENGE

Schaltet Fernseher, Radios, Computer komplett aus, statt sie im Standby-Modus zu belassen. Zieht die Ladegeräte eurer Handys, iPads ... aus der Steckdose, wenn sie geladen sind. Das ist auch besser für den Akku der Geräte.

Nun erstellst ihr euch Aufgabenkarten, auf die ihr Stromsparmaßnahmen schreibt. Auf der nächsten Seite gibt es Vorlagen dafür, die ihr kopieren oder einfach abmalen könnt. Natürlich könnt ihr auch eigene Aufgaben in die Felder schreiben.

Ihr notiert nun täglich auf den Notizseiten, die ihr ebenfalls in diesem Buch findet, welche Aufgaben ihr erledigt haben. Für jede Aufgabe, die ihr erfüllt habt, gibt es Punkte:

- Licht ausschalten: 1 Punkt
- Für jedes ausgeschaltete Geräte: 2 Punkte
- Ladegeräte aus der Steckdose ziehen: 3 Punkte

Nach sieben Tagen könnt ihr die Punkte zusammenzählen. Wer die meisten Punkte hat, hat die Challenge gewonnen.

Ach ja, so eine Challenge macht natürlich erst dann richtig viel Spaß, wenn du sie zusammen mit Freundinnen und Freunden machst. Also motiviere im Vorfeld möglichst viele Kinder aus der Familie, deinem Freundeskreis oder deiner Schulklasse, sich an der Challenge zu beteiligen.

Am Ende der Woche könnt ihr dann in großer Runde besprechen, was ihr gelernt habt und wie ihr auch weiterhin Strom sparen möchtet. Vielleicht fallen euch ja auch noch ähnliche Challenges fürs Wassersparen oder andere nachhaltige Dinge ein.

DEINE AUFGABENKARTEN

Finde drei Lichter, die tagsüber unnötig an sind, und schalte sie aus.

Überprüfe, ob alle Fernseher und Computer nachts ausgeschaltet sind.

Ziehe alle nicht benutzten Ladegeräte aus der Steckdose.

DEINE AUFGABENKARTEN

Prüfe, welche Energieeffizienz ältere Haushaltsgeräte haben.

Prüfe, ob die Spülmaschine vor dem Anschalten voll beladen ist.

Schau, ob bei gutem Wetter Wäsche auf der Leine statt im Wäschetrockner getrocknet wird.

CHALLENGE-TAGEBUCH

Trage hier täglich deine „Ermittlungsergebnisse" der Stromspar-Detektiv-Challenge ein:

MONTAG

DIENSTAG

MITTWOCH

Punktezahl:

DONNERSTAG

Punktezahl:

FREITAG

Punktezahl:

SAMSTAG

Punktezahl:

SONNTAG

Punktezahl:

WEITERE IDEEN

Punktezahl gesamt:

Tipp:

Benutze doch einen Zahnputzbecher und lass beim Zähneputzen nicht das Wasser aus dem Wasserhahn laufen. Das spart gleich mehrere Liter kostbares Trinkwasser.

Wasser sparen ist eine tolle Idee. Es ist ganz einfach …

Nach dem Spielen draußen: dusche kurz und bade nicht.

Tipp:

Deine Eltern oder Großeltern haben einen Garten mit vielen Pflanzen, die im Sommer gegossen werden müssen? Dann stellt ein Regenfass im auf und sammelt zum Gießen das Regenwasser.

Das mögen die Pflanzen eh lieber als das gute Trinkwasser aus der Leitung!

THEMA: WASSER SPAREN

OH, DIE WANNE IST VOLL

Frage:

Vielleicht denkst du dir, dass Erwachsene viel über das Wassersparen erzählen können, wenn der Tag lang ist. Deshalb ist diese Frage wohl echt berechtigt:

Wie viel Wasser kann man eigentlich sparen, wenn man auf das Baden in der Badewanne verzichtet und stattdessen nur duscht?

Antwort:

Nun, dann rechnen wir mal: Wenn du in die Badewanne steigst, benötigst du in der Regel zwischen 120 und 150 Litern Wasser. Das sind 12 bis 15 Zehnlitereimer Wasser.

Ganz schön viel ...

OH, DIE WANNE IST VOLL

Wenn du dagegen unter die Dusche steigst, verbrauchst du in der Regel 9 bis 12 Liter Wasser pro Minute. Das heißt nach Adam Riese, dass du, wenn du zehn Minuten unter der Dusche stehst – und das finde ich schon recht lang – 90 bis 120 Liter Wasser verbrauchst.

OH, DIE WANNE IST VOLL

Gehen wir also mal von den jeweiligen Mittelwerten und davon aus, dass du im Durchschnitt 100 Liter Wasser beim Duschen und 140 Liter Wasser beim Baden verbrauchst, so sparst du bei jedem Duschen gegenüber dem Baden rund 40 Liter Wasser. Das sind immerhin vier Eimer weniger, die du schleppen müsstest, wenn du das Wasser selbst herbeitragen müsstest.

Und jetzt wird es richtig spannend:

Nehmen wir doch mal an, du duschst täglich und badest nicht, also sparst du pro Tag 40 Liter Wasser. Das macht, wenn du jeden Tag unter die Dusche steigst, 365 x 40 Liter.

365 X 40 = 14600 LITER

Na, ist das nicht eine Summe, die sich sehen lassen kann? Und jetzt überlege mal, deine Mutter, dein Vater, dein Bruder oder deine Schwester würden das auch so machen, dann spart ihr bei einem Vierpersonenhaushalt

58400 LITER !!!!

Wasser pro Jahr.

QUIZFRAGEN

Sechs Fragen gilt es jeweils zu beantworten mit je vier Antwortmöglichkeiten. Mal ist nur eine Antwort richtig, mal sind auch zwei Antworten richtig.

Warum ist es wichtig, Energie zu sparen?

- ☐ Klingt doch cool!
- ☐ Um die Umwelt zu schützen.
- ☐ Weil Energie teuer ist.
- ☐ Das machen eh alle!

Wie kannst du Energie im Kinderzimmer sparen?

- ☐ Immer im Dunkeln sitzen.
- ☐ Licht aus beim Verlassen.
- ☐ Geräte immer ausschalten.
- ☐ Das ist mir zu doof!

Beim Heizen sparen? Geht das überhaupt?

- ☐ Heizung voll aufdrehen.
- ☐ Besser ist es, zu frieren.
- ☐ Immer alle Zimmer heizen.
- ☐ Wärme angemessen regeln.

Wie kann man beim Kochen Energie sparen?

- ☐ Jeder kocht für sich alleine.
- ☐ Herd auf volle Pulle stellen.
- ☐ Mit Deckel kochen.
- ☐ Nur noch Kaltes essen.

Energiesparende Glühbirnen? Warum?

- ☐ Verbrauchen weniger Strom.
- ☐ Leuchten viel heller.
- ☐ Sie halten länger.
- ☐ Sehen doch top aus!

Beim Fernsehen Energie sparen? Ist das möglich?

- ☐ Fernsehfreie Zeiten einplanen.
- ☐ Immer Stand-by ausschalten.
- ☐ Bei Oma gucken.
- ☐ Lautstärke voll aufdrehen.

QUIZFRAGEN

Warum ist es wichtig, Trinkwasser zu sparen?

- ☐ Finden wir prima!
- ☐ Weil es nur begrenzt da ist.
- ☐ Weil wir Wasser brauchen.
- ☐ Weil Wasser langweilig ist.

Was verbraucht am meisten Wasser?

- ☐ Auto waschen mit Schlauch.
- ☐ Ein Glas Wasser trinken.
- ☐ Blumen gießen mit Kanne.
- ☐ Hände waschen.

Wie spart man Wasser beim Zähneputzen?

- ☐ Man putzt die Zähne nicht.
- ☐ Wasser abstellen beim Putzen.
- ☐ Zahnputzbecher verwenden.
- ☐ Ohne Wasser Zähne putzen.

Wie spart man Wasser im Garten?

- ☐ Immer volle Kanne drauf!
- ☐ 3 x am Tag gießen.
- ☐ Alles vertrocknen lassen.
- ☐ Regenwasser sammeln.

Was tun, wenn der Wasserhahn tropft?

- ☐ Das Wasser auffangen.
- ☐ Den Hahn voll aufdrehen.
- ☐ Einen Klempner anrufen.
- ☐ Tropfen lassen!

Wie spart man im Badezimmer Wasser?

- ☐ Alle sollten immer baden.
- ☐ Baden statt duschen.
- ☐ Jeden Tag 3 x duschen.
- ☐ Duschen statt baden.

Tipp:

Die Großen können euch beim Recyceln helfen: Bittet sie doch, farblich unterschiedliche Eimer aufzustellen für Plastik, Glas, Bioabfall etc.. Dann ist es kinderleicht!

Sei kein Frosch, mach mit und werde Umwelt-schützer!

Ha, das wäre ja gelacht! Das schaffe ich doch spielend leicht.

Wusstet ihr eigentlich, dass ihr, egal wie alt ihr seid, eine wichtige Rolle beim Recycling zu Hause, in der Schule oder in der Freizeit spielen könnt? Wichtig ist es, dass ihr lernt, wie man Müll richtig trennt: Plastik zu Plastik, Papier zu Papier, Glas zu Glas und organischer Abfall zu organischem Abfall.

THEMA: RECYCLING

WENN DER WURM ZUM TEE EINLÄDT

Kinderleicht: Wurmkomposter bauen

Plastikmüll wird im Gelben Sack oder der Gelben Tonne gesammelt, Glas im Glascontainer und Papier in der Papiertonne. Was aber ist mit dem organischen Abfall, der bei euch zu Hause in der Küche anfällt? Klar, es gibt in vielen Städten und Orten auch die Möglichkeit, dass dieser bei euch vor der Haustür abgeholt wird. Dann ist er weg ... und ihr habt nichts mehr davon. Anders ist das mit einem Wurmkomposter, den ihr ganz einfach zusammen mit einem Erwachsenen oder – wenn ihr schon größer seid – auch selbst bauen könnt.

Aber was ist eigentlich ein Wurmkomposter?

Ein Wurmkomposter, der auch Wurmfarm oder Wurmkompostierungssystem genannt wird, ist eine Methode zur Kompostierung organischer Abfälle. Organische Abfälle fallen bei euch in der Küche an: Apfel- und Kartoffelschalen, Eierschalen, Spargelabschnitte, Salatblätter, Erdbeerreste und vieles mehr. Einen Wurmkomposter könnt ihr ganz bequem zu Hause aufstellen – in der Küche oder auf dem Balkon. Und natürlich auch im Garten.

Eure Helfer bei der Kompostierung sind spezielle Kompostwürmer, die das organische Material zersetzen und quasi zu neuer Erde, dem sogenannten Wurmhumus oder Wurmkompost, verarbeiten. Und diese neue „Erde" könnt ihr als Dünger für eure Pflanzen im Garten, auf der Fensterbank oder dem Balkon nutzen, denn sie ist sehr nährstoffreich. Jetzt gehts aber los!!!!

WENN DER WURM ZUM TEE EINLÄDT

Dieses Material braucht ihr:

- Zwei oder drei stapelbare Plastikbehälter
Vielleicht gibt es ja im Keller noch alte Boxen, die nicht mehr benötigt werden. Dann müsst ihre keine neuen kaufen.

- einen Bohrer
- ein feines Insektennetz
- altes Zeitungspapier oder Pappkarton

- Kompostwürmer
Sollte bei euch in der Nähe ein Pferdehof sein, so könnt ihr euch dort auf Nachfrage an den alten Hinterlassenschaften der Pferde bedienen, die schon etwas länger liegen. Darin tummeln sich meist viele Kompostwürmer. Wenn euch das aber zu ekelig ist oder ihr meint, es stinkt zu sehr, so gibt es heute auch richtige Wurmfarmen, bei denen ihr für rund 30 Euro eure Kompostwürmer über das Internet bestellen könnt.

- Küchenabfälle wie Obst- und Gemüsereste, Salatblätter, Kaffeefilter, Teebeutel
- Wasser, am besten Regenwasser

Für Kompostwürmer verwertbare Küchenabfälle.

Mit einem Wurmkomposter wirst du quasi dein eigener Firmenchef, denn diese munteren Tierchen sind deine fleißigen Mitarbeiter. Bezahlen musst du sie nicht, aber gut füttern mit all den leckeren Sachen, die in eurer Küche übrig bleiben. Und wenn du dich jetzt fragst, wie groß dein „Mitarbeiterstamm" am Anfang sein muss – wir haben in unseren ersten Wurmkomposter etwa 500 Kompostwürmer gesetzt.

WENN DER WURM ZUM TEE EINLÄDT

Und so geht es weiter:

Wir gehen mal davon aus, dass euer Wurmkomposter drei Etagen hat. Bohre in den Boden des mittleren und des oberen Behälters mehrere kleine Löcher mit ca. 8 Millimeter Durchmesser, um die Belüftung und den Abfluss von Flüssigkeit zu ermöglichen, die sich bei der Kompostierung bildet.

Der oberste Behälter muss einen Deckel haben, damit dir die Kompostwürmer nicht abflitzen und beim Nachbarn arbeiten gehen. Bohre in diesen Deckel ebenfalls kleine Löcher zur Belüftung. Der unterste Behälter bleibt intakt, um die Flüssigkeit aufzufangen.

Deine Boxen werden beim Kompostieren übereinander gestapelt. Auf unserem Bild stehen sie noch ineinander, damit wir für dich besser hineinschauen können.

WENN DER WURM ZUM TEE EINLÄDT

Lege nun das Insektennetz über die Löcher im Boden des mittleren Behälters, um zu verhindern, dass die Würmer in den untersten Behälter durchfallen. In dem untersten Behälter fängst du den sogenannten „Wurmsaft" auf, der bei der Kompostierung entsteht. Leere diesen Behälter regelmäßig aus – der Wurmsaft ist ein hervorragender Dünger für deine Pflanzen. Du solltest den Wurmsaft, den man auch Wurmtee nennt, aber nur verdünnt an deine Pflanzen gießen, und zwar im Mischungsverhältnis 1:10. Das heißt, wenn du einen Liter Wasser nimmst, darfst du 100 Milliliter Wurmsaft zum Düngen dazugeben.

Ich denke gerade daran, dass die Würmer zum Tee einladen ...

So, und wenn du all das vorbereitet hast, kannst du den Kompostwürmern das „Bett" vorbereiten: Zerreiße Zeitungspapier oder ein wenig Pappe in kleine Stücke und weiche sie in Wasser ein. Das Material sollte feucht, aber nicht tropfnass sein. Lege nun eine Schicht des nassen Papiers oder Kartons auf den Boden des mittleren Behälters.

Gibt ein wenig Gartenerde darüber und setze dann deine Kompostwürmer in die Kiste. Wir sind sicher, dass sie sich schnell in ihrem neuen Zuhause wohlfühlen und sich eingraben werden.

Nun ist es so weit und du kannst anfangen, deine Kompostwürmer mit Küchenabfällen zu füttern. Gibt Salat oder Apfelschalen hinein, aber keine Zitrusfrüchte oder gar Fleisch oder Knochen.

Decke zum Schluss die Küchenabfälle mit einer dünnen Schicht feuchtem Zeitungspapier ab. Du kannst auch eine dünne Hanfmatte nehmen, die kannst du im Internet bestellen. Dies hilft, Gerüche zu minimieren und Fruchtfliegen fernzuhalten. Dann setzt du den dritten Behälter auf den mittleren und schließt alles mit dem Deckel ab.

Überwachung, Pflege und Ernte

Stelle nun deinen den Wurmkomposter an einen kühlen, schattigen Ort, idealerweise drinnen oder auf dem Balkon. Natürlich kannst du ihn auch an einem schattigen Plätzchen im Garten platzieren. Füttere die Würmer regelmäßig mit Küchenabfällen und achte darauf, dass das Bettmaterial feucht bleibt, aber nicht zu nass wird.

Wenn der mittlere Behälter voll ist, kommt der oberste Behälter zum Zuge. Der hat ja auch Löcher im Boden. Wenn der mittlere Behälter nämlich voll ist und du keine Küchenabfälle mehr hinzugeben kannst, dann wandern deine Würmer automatisch in den dritten, oberen Behälter, den du ab dann mit deinen Küchenabfällen befüllst.

Nach etwa sechs Monaten sollte dein erster eigen produzierter Wurmkompost im mittleren Behälter fertig. Du kannst ihn dann für deine Pflanzen und Blumen verwenden. Und weil das ganze auch eine Kreislaufwirtschaft ist, beginnt nun wieder alles von vorne ... und du musst künftig keine Obst- und Gemüseabfälle mehr wegschmeißen.

DAS IST DOCH WOHL SUPER, ODER?

Tipp: Wurmkomposter aus Holz bauen

Ach, eines sollten wir an dieser Stelle nicht vergessen. Natürlich kann man Wurmkomposter auch aus Holz bauen, das ist dann natürlich noch mal ein Stück umweltfreundlicher als Komposter aus Kunststoffbehältern. Tolle Anleitungen dazu finden sich bei Youtube.

Wir haben hier auf die Kunststoffvariante zurückgegriffen, weil Kinder diese in der Regel je nach Alter ganz alleine bauen können. Die Holzkomposter für Würmer sind ein wenig aufweniger zu bauen. Und jüngere Kinder benötigen dabei auf jeden Fall Hilfe von einer erwachsenen Person. Befüllung und Prinzip unterscheiden sich allerdings nicht.

SPIEL UND SPASS

Und hier noch ein wenig Nahrung für dein Gehirn. Finde diese sieben Wörter: **Wurmtee, Kompostwurm, kinderleicht, Fleisch, Küchenabfall, Schatten, kompostieren**

F	H	V	J	N	D	E	O	P	Q	O	I	C	I	Q	H	E
U	H	L	X	Q	Z	E	P	D	J	U	C	P	H	K	T	K
I	Y	X	Q	F	L	C	F	L	M	M	G	S	E	Ü	B	O
T	V	W	Q	X	C	R	A	F	I	U	J	F	I	C	D	M
W	G	Q	J	Z	A	H	T	L	E	O	W	D	P	H	B	P
A	Z	B	B	L	Y	L	Z	E	C	A	V	G	X	E	Z	O
K	I	N	D	E	R	L	E	I	C	H	T	F	O	N	S	S
F	D	J	U	L	Q	D	K	S	D	U	C	W	V	A	Z	T
R	Q	C	Z	N	H	P	V	C	R	Q	I	I	M	B	E	W
F	O	Q	K	V	J	K	D	H	H	L	O	J	V	F	W	U
P	V	P	Z	T	S	L	S	G	I	J	J	W	E	A	G	R
O	L	N	Q	W	U	R	M	T	E	E	F	V	M	L	H	M
B	U	L	V	R	N	Q	T	H	I	D	Z	Y	O	L	K	T
F	A	E	Y	O	R	O	F	N	R	G	G	O	L	W	J	Y
H	O	D	D	O	W	Y	W	N	X	V	O	J	G	Z	A	G
I	V	H	G	J	G	O	Q	S	C	H	A	T	T	E	N	O
J	B	F	O	K	O	M	P	O	S	T	I	E	R	E	N	Z

DAS DARF IN DEN WURMKOMPOSTER

Wenn du den Wurmkomposter richtig anlegst, riecht er, wenn du den Deckel öffnest, wie frischer Waldboden.

Unsere beiden Listen kannst du weiter fortführen. Recherchiere doch ein wenig im Internet, so kannst du dir noch viel mehr Wissen zum Kompostieren mit Würmern aneignen.

X Obst- und Gemüsereste

X Kaffeefilter

X Teebeutel

X zerkleinerte Eierschalen

X Salatblätter

X Eierkartons

X Blätter + Pflanzenreste

DAS DARF NICHT IN DEN WURMKOMPOSTER

Ärgere deine Kompostwürmer nicht, denn es gibt auch Sachen, die sie gar nicht mögen.

Und die vielleicht sogar stinken, wenn du sie in deinen Wurmkomposter füllst!

Bäh, das braucht dann keiner!

X Zitrusfrüchte

X Fleisch und Wurst

X Knochen

X Milchprodukte

X Gekochtes

X Öle und Fette

X Scharfe Gewürze

Komposterde habt ihr nun schon hergestellt. Wie wäre es denn, wenn du dir jetzt auch noch dein eigenes Gemüsebeet anlegst. Das geht im Garten, auf dem Balkon oder der Terrasse …

Im naturnahen Garten fühle ich mich als Biene echt wohl. Yuchuuu …

Schon mal was von „Urban Gardening" gehört? Das ist Gärtnern auf öffentlichen Flächen in der Stadt. Vielleicht gibt es das ja auch bei dir zu Hause. Höre dich mal um. Manchmal gibt es in Orten auch sogenannte Gemeinschaftsgärten, die viele Personen zusammen bewirtschaften. Und nein, ich meine damit keine Kleingartenanlagen. Die sind natürlich auch eine feine Sache, wenn man dort biologisch Obst und Gemüse anbauen kann.

Und es gibt auch „School Gardening", denn einige Schulen bieten ihren Schüler*Innen inzwischen auch das als Bildungsangebot an. Frag mal nach in deiner Schule nach.

THEMA: GÄRTNERN

WO KEINE HAUSAUFGABEN WACHSEN

Werdet Gärtnerinnen und Gärtner!

„Ha", werdet ihr jetzt vielleicht denken, „das ist einfacher gesagt als getan. Wir haben nämlich zu Hause gar keinen Garten! Und jetzt?"

Nun, das ist eigentlich auch kein Problem, denn es gibt viele Möglichkeiten, um zu gärtnern. Ihr könnt Obst und Gemüse auf dem Balkon anbauen, im Hinterhof eurer Wohnanlage, vielleicht bei Oma und Opa. Aber auch in der Schule. „School Gardening", heißt das Ganze und wird bereits vielerorts angeboten. Wenn es das Angebot an eurer Schule noch nicht gibt, dann sprecht doch mal mit euren Lehrern und Lehrerinnen. Vielleicht können die euch ja bei der Umsetzung helfen.

Ein paar trockene Fakten für eure Lehrpersonen

Bei Schulgartenarbeit, so heißt „School Gardening" nämlich übersetzt, handelt es sich um eine pädagogische Methode, bei der Schüler in einem Schulgarten pflanzen, pflegen und ernten. Ziel beim Gärtnern in der Schule ist es, den Kindern praktische Erfahrungen in der Natur zu ermöglichen, ökologische Zusammenhänge zu erklären und ein Bewusstsein für gesunde Ernährung und Umweltschutz zu entwickeln. Denn viele Kinder, gerade in großen Städten, haben dazu nicht immer die Möglichkeit.

Aber auch an Schulen in Dörfern und kleinen Orten macht es Sinn, Schulgartenarbeit anzubieten, denn die Kinder übernehmen Verantwortung für ihren kleinen Schulgarten. So, jetzt aber Schluss mit der Theorie. Die Argumente sollten für eure Lehrer reichen!

WO KEINE HAUSAUFGABEN WACHSEN

Jetzt seid ihr dran – Gartenplanung

Wenn ihr mit einem guten Plan zu euren Lehren geht, dann ist das schon einmal der erste Schritt für die Umsetzung für euren Schulgarten. Überlegt euch also:

Welcher Standort wäre an eurer Schule gut? Nicht in der prallen Sonne, aber auch nicht im vollen Schatten.
Welche Pflanzen sollen angebaut werden? Gemüse? Kräuter? Blumen?
Wie könnt ihr den Boden für das Anpflanzen oder Aussäen vorbereiten? Unkraut zupfen, Boden auflockern.
Könnt ihr den Boden schon mit Nährstoffen besser machen? Wo bekommt ihr Komposterde her?
Wollt ihr die Pflanzen selbst anziehen? Oder Setzlinge kaufen?

Beispiele für Schulgartenprojekte:

Obst- und Gemüsegarten: Ihr baut dann Gemüse wie Tomaten, Karotten, Salat und Bohnen oder auch Erdbeeren an. Sehr dankbare Pflanzen sind Zucchini, das wird euch jeder erfahrene Gärtner bestätigen. Gurken machen sich auch gut. Für Schlangengurken benötigt ihr eine Rankhilfe, die man aber sehr leicht selbst bauen kann. Dürft ihr Beerensträucher pflanzen? Dann bieten sich Johannes-, Stachel- oder Jockelbeere an.

Kräutergarten: Habt ihr vielleicht nur eine ganz kleine Fläche oder ein Hochbeet zur Verfügung? Oder könnt ihr nur einzelne Blumenkästen oder Blumenkübel stellen? Dann bietet sich der Anbau von Kräutern wie Basilikum, Minze, Petersilie und Thymian, Zitronenmelisse, Pfefferminze oder Rosmarin und Salbei an. Erkundigt euch nach Kräutern, die besonders stark duften. Dann habt ihr gleich auch noch einen **Duftgarten**.

WO KEINE HAUSAUFGABEN WACHSEN

Blumengarten: Vielleicht habt ihr aber auch nur eine Rabatte zur Verfügung, die ihr aufhübschen könnt, dann bietet sich das Pflanzen oder Säen von Blumen zur Verschönerung des Schulgeländes an.

Einen **Schmetterlingsgarten** bekommt ihr, wenn ihr eure Beete mit Pflanzen bestückt, die Schmetterlinge anziehen und unterstützen.

Achtet bei euren Planungen auch immer darauf, dass eure Pflanzen bienenfreundlich sind. Denn unsere Bienen brauchen landauf, landab zurzeit sehr viel Unterstützung, weil sie nicht immer und überall genug Nahrung finden.

Vielleicht habt ihr auch die Möglichkeit, an eurer Schule einen Schulgarten zu integrieren. Das wäre doch eine feine Sache, ist ökologisch sinnvoll und nachhaltig.

WO KEINE HAUSAUFGABEN WACHSEN

Was ist noch zu tun?

Wenn euer Schulgarten angelegt ist, schaut, dass ihr euch regelmäßig um eure Pflanzen kümmert. Schaut nach Schädlingen, ein Erwachsener wird euch sicherlich dabei gerne helfen. Natürlich müsst ihr eure Pflanzen auch gießen und Düngen, zum Beispiel mit eurem Wurmsaft, den ihr im Wurmkomposter hergestellt habt. Vielleicht könnt ihr einen solchen ja auch an eurer Schule integrieren. Das wäre doch eine feine Sache!

Na ja, und wenn ihr Obst, Gemüse und Kräuter angebaut habt, dann müsst ihr natürlich auch noch schauen, was ihr mit eurer Ernte macht. Vielleicht könnt ihr zusammen in der Schule ein leckeres Gericht aus eurem Gemüse kochen?

Oder ihr veranstaltet einen Gartenbasar und verkauft dort euer selbst gezogenes, gesundes Gemüse. Mit dem Erlös aus dem Verkauf – ihr müsst ja nicht alles verkaufen, denn probieren wollt ihr eure Ernte ja schließlich auch –, könnt ihr dann für das nächste Jahr neuen Samen oder neue Setzlinge kaufen.

GÄRTNERN GEHT AUCH AUF DEM BALKON

Was im Schulgarten geht, geht auch zu Hause. Wenn ihr dort einen Garten habt, bittet doch eure Eltern, euch ein Beet nur für euch zu geben. Da könnt ihre dann ausprobieren und schauen, wie alles wächst und gedeiht.

Aber auch auf dem Balkon oder der Terrasse kann man gärtnern, wie ihr auf unserem tollen Bild sehen könnt.

Obst und Gemüse, Salate, Kräuter – eurer Fantasie für den Balkongarten sind keine Grenzen gesetzt. Schaut nur danach, zu welcher Himmelsrichtung euer Balkon ausgerichtet ist, denn unterschiedliche Pflanzen benötigen unterschiedliche Lichtverhältnisse. Töpfe muss man nicht unbedingt teuer einkaufen. Gebrauchte Töpfe und Pflanzgefäße bekommt man auf Plattformen wie Kleinanzeigen.de, Ebay, auf Flohmärkten und in Secondhand-Läden. Vielleicht haben Tante und Onkel, Oma und Opa, die Nachbarn aber auch noch Töpfe, die sie sogar kostenlos abgeben. Fragt doch einfach mal nach.

SPIEL UND SPASS

Dein Weg in den Garten ist gar nicht so einfach. Zuerst musst du nämlich dieses Labyrinth durchqueren. Viel Spaß dabei!

SPIEL UND SPASS

Und hier noch Nahrung für dein Gehirn. Finde fünf Wörter, die mit unserem Thema „Nachhaltig leben" zu tun haben. Dieses Mal geben wir die Wörter nicht vor!

B	J	F	Y	A	J	J	S	F	U	T	U	G	C	N
K	K	T	Y	U	M	S	B	Z	E	L	N	B	T	P
B	M	F	E	U	I	P	Q	N	U	K	A	S	D	F
W	H	F	O	U	L	K	U	X	G	O	C	C	P	Y
S	P	R	E	G	E	N	W	U	R	M	H	M	Z	D
V	E	G	R	R	D	Y	U	L	U	P	H	Q	Z	I
C	R	A	H	Q	E	H	Y	S	S	O	A	S	J	J
D	X	R	L	R	I	Y	E	X	J	S	L	V	L	X
Y	B	T	O	J	A	M	M	T	V	T	T	R	K	Y
B	J	E	A	V	N	E	E	P	N	A	I	R	Y	A
M	L	N	E	K	Q	B	B	G	K	J	G	T	Z	T
T	H	L	C	M	P	J	B	I	E	N	E	N	C	J
U	Y	V	Z	G	X	D	I	G	I	U	W	I	C	D
H	H	P	X	K	M	N	H	T	V	E	A	O	M	S
R	R	K	S	H	N	E	X	J	L	B	U	B	X	L

MEIN GARTENTAGEBUCH

MEIN GARTENTAGEBUCH

MEIN GARTENTAGEBUCH

MEIN GARTENTAGEBUCH

MEIN GARTENTAGEBUCH

MEIN GARTENTAGEBUCH

SPIEL UND SPASS

Und noch ein kleines Rätsel zur Ablenkung. Hat natürlich auch mit unserem Thema „Nachhaltigkeit" zu tun. Gut überlegen ...

Waagerecht:
2. Dort kannst du dein Gemüse anbauen.
4. Nahrhafter Dünger.

Senkrecht:
1. Etwas, was ökologisch sinnvoll ist.
3. Das brauchst du für deine Wurmfarm.
5. Wichtige Mitarbeiter im Garten.

SPIEL UND SPASS

So, jetzt geht es durch das Labyrinth wieder nach Hause. Finde den Weg und du bist bereit für die nächste nachhaltige Herausforderung!

Tipps zum Einkaufen:

Kaufe nur, was du wirklich brauchst.
Kaufe Dinge, die eine lange Lebensdauer haben, keine Eintagsfliegen.
Unterstütze lokale Hersteller und fairen Handel.

Auch wir Verbraucher können etwas ändern!

Schon beim Kaufen entscheidest du dich für oder gegen die Umwelt.

Rätsel:

Ich bin etwas, was du oft benutzt,
mich zu recyceln, ist ein guter Schluss.

Bin meist durchsichtig,
manchmal gar blau, grün oder braun,

Mit mir schützt du die Umwelt,
das ist echt klug und schlau.

Na, was bin ich wohl?

JA, WIR SIND MIT DEM RADL DA …

Du kannst im Alltag ganz viel machen!

Nun hast du ja schon einige Dinge kennengelernt, bei denen du als Kind auch im Alltag etwas für den Natur- und Umweltschutz tun kannst. Denn natürlich ist es sehr sehr wichtig, dass du schon als ganz junger Mensch lernst, sparsam mit den Ressourcen unserer Erde umzugehen.

Schon wieder so ein doofes Erwachsenenwort, das du nicht kennst? Ressourcen. Was ist denn das eigentlich?

Ressourcen sind Dinge, die wir alle benötigen, um verschiedene Sachen zu machen, und natürlich auch, um unseren Alltag zu gestalten. Doch von diesen Dingen ist nicht immer unendlich viel vorhanden. Wichtige „Ressourcen" für uns alle sind:

Wasser: Klar, wir drehen den Wasserhahn auf, und es ist da. Aber denke mal an die heißen Sommer der letzten Jahre oder an die Menschen in Regionen der Welt, wo Wasser immer knapp ist.

Luft: Wir alle müssen atmen. Ohne unsere Luft, ohne Sauerstoff ist kein Leben möglich. Doch saubere Luft gibt es nicht überall.

Bäume: Sie produzieren den Sauerstoff, halten unsere Böden. Wenn wir sie alle abholzen würden, wäre kein Leben mehr auf der Erde möglich. Sie zu schützen, ist für uns alle unendlich wichtig.

Du siehst also, unsere Ressourcen sind wichtig und wir alle sollten sie nicht verschwenden, damit wir auch in Zukunft gut leben können. Und um diese Ressourcen zu schützen, sollten wir ganz viel in unserem Alltag ändern, denn nur so kann unser Planet überleben.

JA, WIR SIND MIT DEM RADL DA ...

In diesen Bereichen können wir alle etwas tun:

Lege kurze Strecken zu Fuß oder mit dem Fahrrad zurück. Lass dich nicht mit dem Auto zur Schule fahren.

Du musst nicht alles neu kaufen, oft tun es auch gebrauchte Sachen. Spielzeug kannst du zum Beispiel mit deinen Freunden tauschen. Du kannst auch deine gebrauchte Kleidung weitergeben, wenn sie dir nicht mehr passt, und für dich selbst gebrauchte Kleidung kaufen. Das geht in Secondhand-Läden, auf Flohmärkten und auch im Internet gibt es Marktplätze, auf denen für wenig Geld mit noch gut erhaltenen Shirts, Hosen oder Jacken gehandelt wird.

Zur Schule und zum Spielplatz kann man bequem zu Fuß gehen oder mit dem Fahrrad fahren. Mama und Papa müssen euch nicht mit dem Auto fahren.

JA, WIR SIND MIT DEM RADL DA …

Du musst nicht jedes Buch neu kaufen. Du kannst dir einen Leseausweis für deine Stadtbibliothek besorgen und dort das Buch ausleihen, das du lesen möchtest. Du findest es nicht? Dann frag die Bibliothekarin, ob die Bücherei es anschaffen kann.

Wenn du Schulhefte kaufst, nimm Hefte aus recyceltem Papier. Und für Notizen, Einkaufszettel und Schmierzettel kannst du die unbeschriebenen Rückseiten von alten Blättern oder Heften nehmen. Du musst häufig etwas ausdrucken, das nur für dich bestimmt ist? Dann kannst du teures Druckerpapier, das schon einmal auf der Vorderseite bedruckt wurde, auch auf der Rückseite bedrucken.

Vermeide Einwegplastik überall dort, wo es möglich ist, denn das Mikroplastik, das daraus oft entsteht, kann unsere Meerestiere krank machen. Und letztendlich nehmen wir durch unsere Nahrungsmittel ebenfalls Mikroplastik auf, nämlich dann, wenn dieses wieder in den Nahrungsmittelkreislauf eingebracht wird.

Und um ganz genau zu sein: Mikroplastik wird oft sogar von Herstellern ganz bewusst in Produkte eingebracht, zum Beispiel in Kosmetika und Pflegeprodukte. Es gelangt dann durch das Abwasser in die Kläranlagen, kann dort aber nicht herausgefiltert werden und kommt so in unsere Meere und Flüsse. Fische fressen es … und wir essen die Fische.

Hier schließt sich der Kreislauf. Achte bei Zahncreme & Co. darauf, dass sie ohne Mikroplastik hergestellt werden.

Nimm dein Pausenfrühstück nicht in Frischhaltefolie mit in die Schule, sondern in einer wiederverwendbaren Brotdose. Und dein Getränk muss ebenfalls nicht aus einer Plastikflasche getrunken werden, die du gleich wegwirfst, wenn sie leer ist.

Aber auch ganz einfache Dinge kannst du tun: Sammle bei Spaziergängen mit deinen Freunden oder deiner Familie Müll auf, den du am Straßenrand findest. Zieh dazu am besten Handschuhe an oder verwende eine Müllzange. Das schützt deine Gesundheit.

Iss Obst und Gemüse aus der Region und solches, das zu der Jahreszeit bei dir reif ist, in der du es kaufen möchtest. Das heißt, keine Erdbeeren im Dezember aus Spanien kaufen, sondern nur solche, die es ab Mai beim Bauern oder beim Händler um die Ecke gibt.

Mit diesen einfachen Maßnahmen kannst du auch schon als Kind helfen, unserer Umwelt etwas Gutes zu tun. Du kannst ein Bewusstsein für Nachhaltigkeit entwickeln und aktiv zum Umweltschutz beitragen.

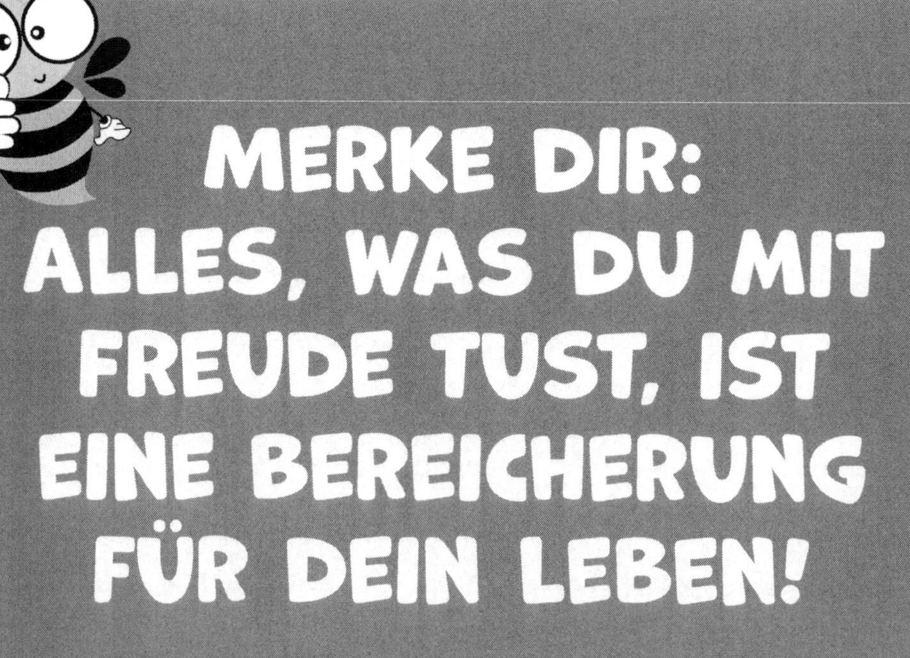

SPIEL UND SPASS

Finde den richtigen Weg, was nachhaltiges Leben für dich ganz persönlich bedeutet. Manchmal muss man Umwege gehen, manchmal ein kleines Stück zurück – wie in diesem Labyrinth.

DEINE ZIELE FÜR EIN JAHR

Schritt für Schritt kannst du dich deinem Ziel nähern, nachhaltiger zu leben. Trage hier für alle 12 Monate ein, was du gerne umsetzen würdest.

Januar

- ☐
- ☐
- ☐
- ☐

Februar

- ☐
- ☐
- ☐
- ☐

März

- ☐
- ☐
- ☐
- ☐

April

- ☐
- ☐
- ☐
- ☐

Mai

- ☐
- ☐
- ☐
- ☐

Juni

- ☐
- ☐
- ☐
- ☐

DEINE ZIELE FÜR EIN JAHR

Jeweils am Monatsende hakst du ab, ob du dein Ziel erreichen konntest. Was offen bleibt, nimmst du dir einfach für einen späteren Zeitpunkt vor.

Juli

- [ ]
- [ ]
- [ ]
- [ ]

August

- [ ]
- [ ]
- [ ]
- [ ]

September

- [ ]
- [ ]
- [ ]
- [ ]

Oktober

- [ ]
- [ ]
- [ ]
- [ ]

November

- [ ]
- [ ]
- [ ]
- [ ]

Dezember

- [ ]
- [ ]
- [ ]
- [ ]

UMWELTTAGEBUCH

Hier kannst du ein Umwelttagebuch führen und festhalten, was dir durch den Kopf geht, welche eigenen Ideen du hast oder an welchen Projekten du gerade arbeitest.

DES RÄTSELS LÖSUNG ...

Warum ist es wichtig, Energie zu sparen?

- [ ] Klingt doch cool!
- [x] Um die Umwelt zu schützen.
- [ ] Weil Energie teuer ist.
- [ ] Das machen eh alle!

Wie kannst du Energie im Kinderzimmer sparen?

- [ ] Immer im Dunkeln sitzen.
- [x] Licht aus beim Verlassen.
- [x] Geräte immer ausschalten.
- [ ] Das ist mir zu doof!

Beim Heizen sparen? Geht das überhaupt?

- [ ] Heizung voll aufdrehen.
- [ ] Besser ist es, zu frieren.
- [ ] Immer alle Zimmer heizen.
- [x] Wärme angemessen regeln.

Wie kann man beim Kochen Energie sparen?

- [ ] Jeder kocht für sich alleine.
- [ ] Herd auf volle Pulle stellen.
- [x] Mit Deckel kochen.
- [ ] Nur noch Kaltes essen.

Energiesparende Glühbirnen? Warum?

- [x] Verbrauchen weniger Strom.
- [ ] Leuchten viel heller.
- [x] Sie halten länger.
- [ ] Sehen doch top aus!

Beim Fernsehen Energie sparen? Ist das möglich?

- [x] Fernsehfreie Zeiten einplanen.
- [x] Immer Stand-by ausschalten.
- [ ] Bei Oma gucken.
- [ ] Lautstärke voll aufdrehen.

DES RÄTSELS LÖSUNG ...

Warum ist es wichtig, Trinkwasser zu sparen?

- ☐ Finden wir prima!
- ☒ Weil es nur begrenzt da ist.
- ☐ Weil wir Wasser brauchen.
- ☐ Weil Wasser langweilig ist.

Was verbraucht am meisten Wasser?

- ☒ Auto waschen mit Schlauch.
- ☐ Ein Glas Wasser trinken.
- ☐ Blumen gießen mit Kanne.
- ☐ Hände waschen.

Wie spart man Wasser beim Zähneputzen?

- ☐ Man putzt die Zähne nicht.
- ☒ Wasser abstellen beim Putzen.
- ☒ Zahnputzbecher verwenden.
- ☐ Ohne Wasser Zähne putzen.

Wie spart man Wasser im Garten?

- ☐ Immer volle Kanne drauf!
- ☐ 3 x am Tag gießen.
- ☐ Alles vertrocknen lassen.
- ☒ Regenwasser sammeln.

Was tun, wenn der Wasserhahn tropf?

- ☒ Das Wasser auffangen.
- ☐ Den Hahn voll aufdrehen.
- ☒ Einen Klempner anrufen.
- ☐ Tropfen lassen!

Wie spart man im Badezimmer Wasser?

- ☐ Alle sollten immer baden.
- ☐ Baden statt duschen.
- ☐ Jeden Tag 3 x duschen.
- ☒ Duschen statt baden.

DES RÄTSELS LÖSUNG …

Lösung Rätsel Seite 37

DES RÄTSELS LÖSUNG ...

Lösung Rätsel Seite 46

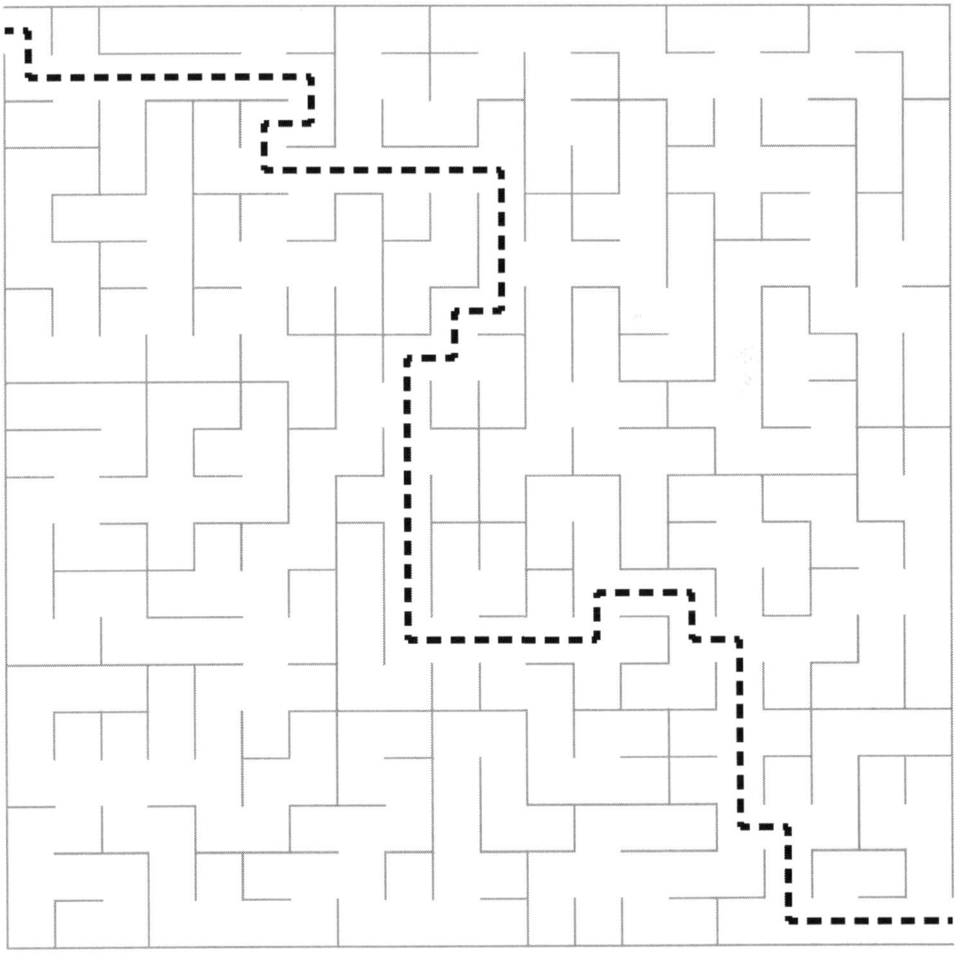

DES RÄTSELS LÖSUNG ...

Lösung Rätsel Seite 47. Diese Wörter haben wir gesucht:
Garten, Regenwurm, Bienen, nachhaltig, Kompost

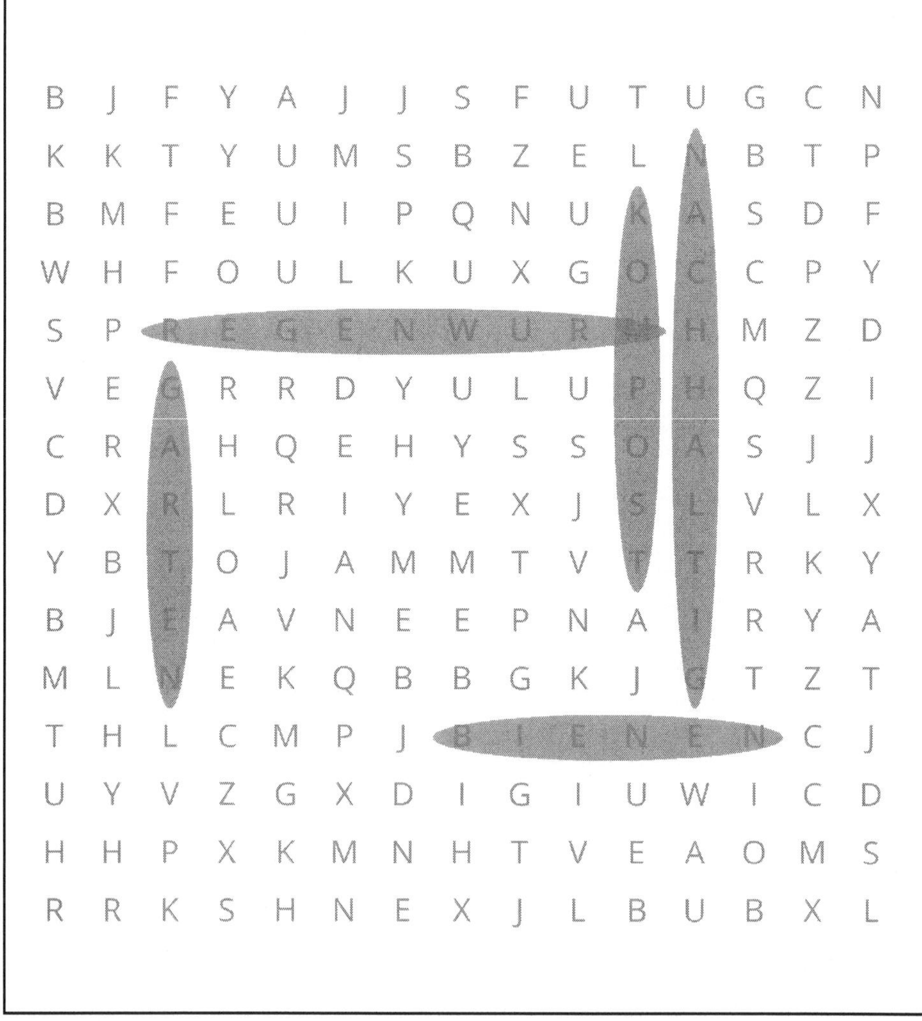

DES RÄTSELS LÖSUNG ...

Lösung Rätsel Seite 52

				[3]K		
[4]K	o	m	p	o	s	t
				m		
				p		[5]B
				o		i
		[1]N		s		e
	[2]G	a	r	t	e	n
		c		w		e
		h		u		n
		h		r		
		a		m		
		l				
		t				
		i				
		g				

Lösung Rätsel Seite 43

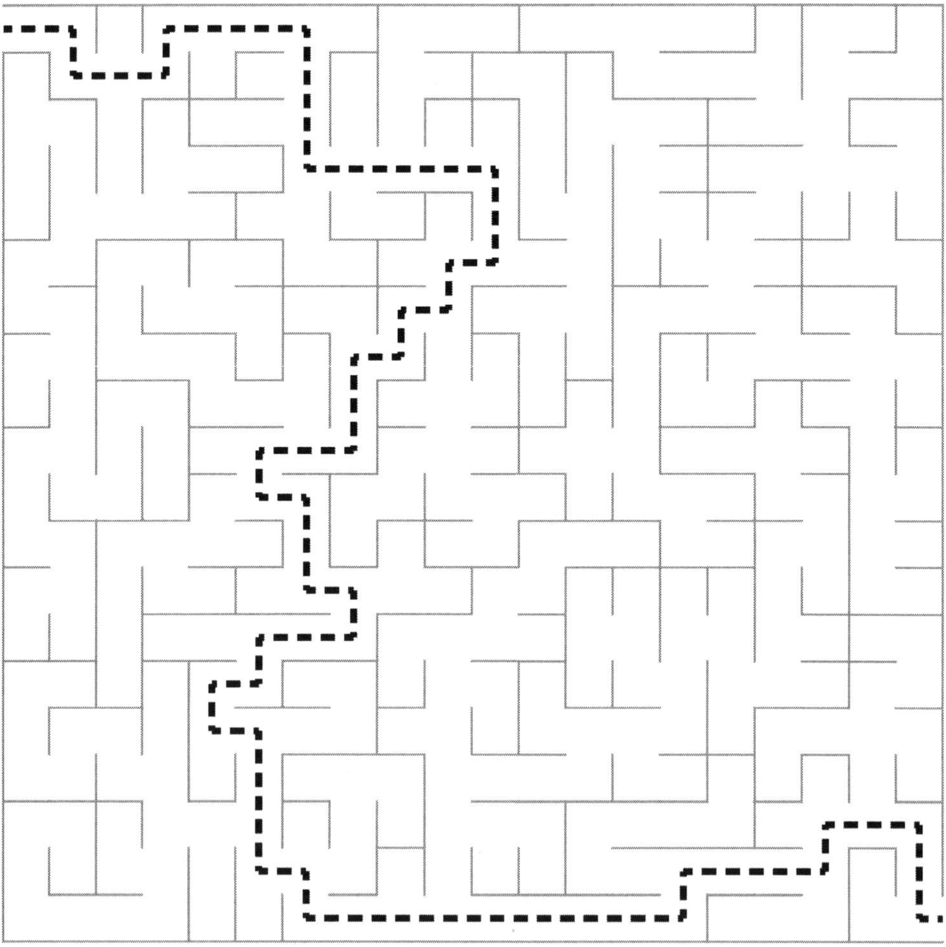

DES RÄTSELS LÖSUNG ...

Lösung Rätsel Seite 54: Glasflasche

Lösung Rätsel Seite 59

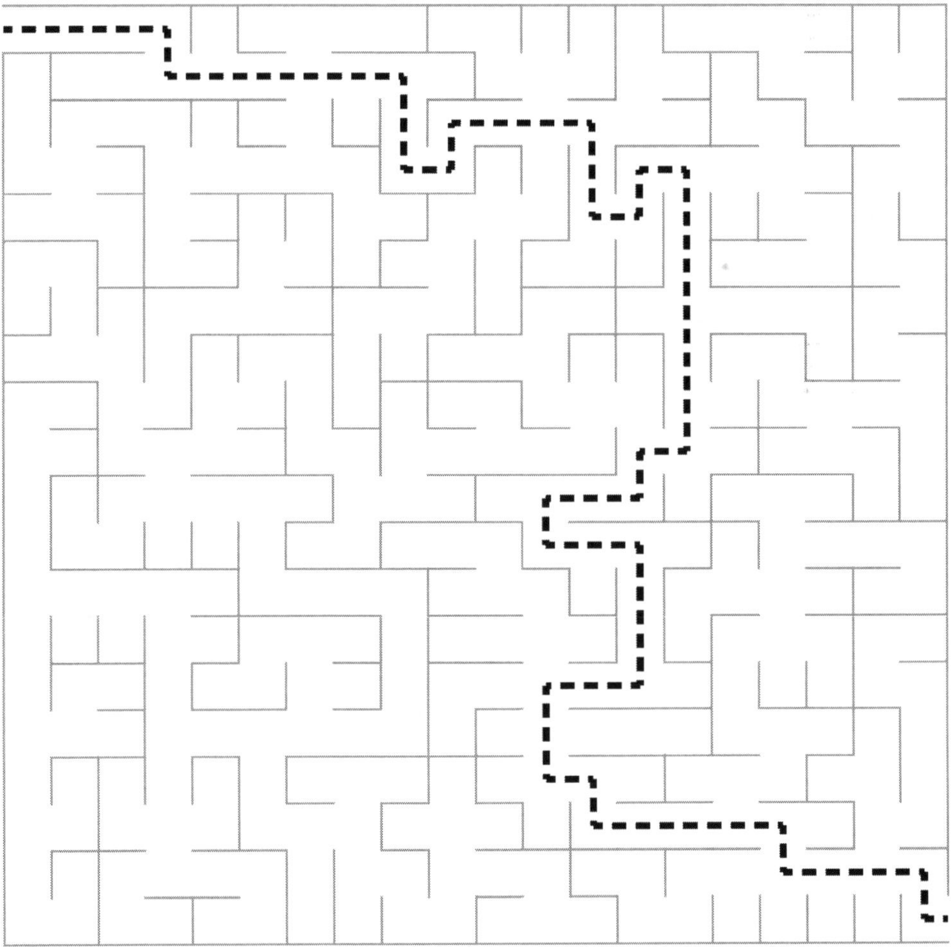

Hat euch das Buch gefallen? Dann würden wir uns über eine Rezension bei Amazon freuen:

Du kannst auch direkt über diesen Link gehen: https://amazon.de/ryp

Printed in Poland
by Amazon Fulfillment
Poland Sp. z o.o., Wrocław

55843452R00057